This Journal Belongs To:

_____

_____

PHONE: _____

DATE : ———————————————

DATE :

DATE : ————————————————

DATE : —————————————

DATE : ——————————————

DATE :

DATE : _____

DATE : ———————————————

DATE : ———————————————

DATE : ————————————————

DATE : ———————————

DATE : ————————————————————

DATE : ―――――――――――――――

DATE : ————————————————————

DATE : _____

DATE : ———————————

DATE :

DATE : ———————————

DATE :

DATE :

DATE :

DATE : ————————————————

DATE :

DATE : ———————————————

DATE : ————————————————

DATE :

DATE : —————————————

DATE :

DATE : ─────────────

DATE :

DATE :

DATE :

DATE :

DATE : ————————————————

DATE :

DATE : ―――――――――――――――

DATE : ————————————

Made in the USA
Monee, IL
03 May 2021

67573989R00069